RAPPORTS

AU

CONSEIL GÉNÉRAL DE LA SEINE-INFÉRIEURE

DANS LA SESSION DE 1841,

PAR

M. CHARLES LEVAVASSEUR.

PARIS

IMPRIMERIE D'AD. BLONDEAU, RUE RAMEAU, 7

PLACE RICHELIEU.

1841.

AVANT-PROPOS.

Les Conseils généraux de l'agriculture, des manufactures et du commerce, réunis en ce moment, s'occupent de plusieurs questions sur lesquelles le Conseil général de la Seine-Inférieure a été consulté dans sa dernière session. Chargé des rapports à faire à ce Conseil sur quelques-unes de ces questions, j'ai cru qu'il y avait opportunité à donner de la publicité aux travaux du troisième bureau, dont j'ai été l'organe.

Charles LEVAVASSEUR.

NAVIGATION DE LA SEINE.

Chemins de halage. —Ponts et pertuis.

MESSIEURS,

Le Conseil d'arrondissement de Rouen signale au Conseil général l'insuffisance d'allocation attribuée à l'entretien des chemins de halage. Il lui fait remarquer que les navires qui fréquentent la rivière sont assujétis à un droit de navigation qui devrait être spécialement affecté à l'amélioration de la Seine, et qu'il y a nécessité d'employer la totalité de ce produit à l'usage pour lequel il a été créé.

Votre troisième bureau a recueilli des renseignements sur la situation des chemins de halage entre Rouen et le Hâvre. Il en résulte que ces chemins sont en assez bon état depuis Rouen jusqu'à Caumont; mais depuis Caumont jusqu'au Trait, ces chemins, très-mauvais dans certaines parties, sont presque interrompus dans d'autres. Il faut augmenter le nombre des chevaux pour haler les navires, et malgré cette augmentation, le halage est fort difficile et amène de fréquents accidents. Du Trait à Villequier, il n'existe pas de chemin, et quelquefois des navires mettent deux ou trois jours à parcourir une distance qui n'excède pas trois lieues. Les personnes au courant de la marine savent qu'un seul jour, et même qu'une seule heure de retard, peut faire manquer la marée et retarder de quinze jours et plus le voyage d'un navire. Déjà l'administration avait reconnu l'utilité de l'établissement d'un chemin de halage entre le Trait et Villequier ; tous les projets avaient été arrêtés par MM. les ingénieurs, et le travail était en cours d'exécution, lorsqu'il cessa, par des motifs qui nous sont inconnus. Il est difficile de se rendre compte du retard que met l'administration à établir des communications entre le Trait et Villequier, lorsque de Villequier au Hâvre l'industrie particulière, au moyen du remorquage à la vapeur, fait parcourir aux navires dix-huit lieues de chemin, remplies d'écueils, en six heures de temps.

Des lois avaient fixé, il y a environ quarante ans, un péage pour les routes et rivières ; ce péage était spécialement affecté à l'entretien des routes et rivières sur lesquelles il était perçu. Le péage a été supprimé sur les routes, mais on l'a maintenu sur les rivières. En même temps, des lois de finances ont fait rentrer au Trésor les sommes qui avaient, dans l'origine, un emploi spécial ; mais de ce que la spécialité a été détruite, de ce que les sommes perçues chaque année pour droit de navigation entre le Hâvre et Rouen sont entrées au Trésor (1), il ne s'ensuit pas que le Trésor doive moins faire pour la navigation. Il devrait affecter aux améliorations du fleuve, lorsque les besoins sont aussi urgents, des allocations au moins équivalentes à l'importance des péages qu'il a perçus. Si l'exécution des chemins de halage n'était de première nécessité, nous indiquerions des travaux d'une grande utilité pour le creusement de la rivière ; mais avant toute amélioration ultérieure, il faut au moins pouvoir parcourir les bords du fleuve.

(1) En 1840, ces sommes se sont élevées à 89,597 fr.

Le bon état des chaussées de halage importe non-seulement à l'intérêt maritime, mais encore à toute la viabilité départementale. En effet, plus les transports par eau sont difficiles, moins ils sont économiques, moins le fleuve charrie de marchandises, plus le roulage est actif et plus les routes royales et départementales sont écrasées par de lourds transports.

On ne peut s'empêcher de remarquer le contraste qui existe entre notre empressement à perfectionner les communications terrestres, et la lenteur que nous apportons à favoriser les communications fluviales. Nous perçons à grands frais de nouvelles routes, nous les entretenons, et ceux qui les parcourent ne paient aucun droit. La navigation, au contraire, à qui la nature a ouvert elle-même la route, qui pour la parcourir paie des droits, n'obtient pas seulement qu'on mette en bon état les chaussées à l'aide desquelles le halage peut lui imprimer de l'activité.

Il est beau sans doute d'étendre les quais de Rouen, de donner plus d'espace aux navires qui fréquentent ce port, mais il ne serait pas moins utile d'y faciliter les moyens d'accession.

Après avoir appelé votre attention sur la navigation entre le Hâvre et Rouen, nous vous entretiendrons de ses intérêts entre Rouen et Paris. Vous n'ignorez pas sans doute qu'un droit de navigation, qui s'élève à 1 fr. 10 c. par tonneau, est perçu à la remonte comme à la descente des bateaux qui naviguent sur la haute Seine. Ce droit équivaut au moins au dixième du frêt payé par le commerce, et produit, chaque année, presque un million au Trésor.

En compensation d'un droit aussi considérable, que fait-on pour les besoins de la navigation ? Les chemins de halage, assez bien entretenus dans la Seine-Inférieure, ne reçoivent aucune réparation dans le département de l'Eure. Ils y sont dans un tel état d'abandon, que la navigation s'y trouve quelquefois interrompue pendant des mois entiers, tandis que l'on navigue sur les autres parties du fleuve. Dans le département de Seine-et-Oise, on se livre à quelques travaux d'entretien ; cependant, les chemins y restent encore très-imparfaits.

Si les chemins de halage réclament de promptes améliorations, d'autres travaux ne sont pas moins urgents. Ainsi, les arches marinières ont besoin d'être exhaussées, élargies et curées, à Pont-de-l'Arche, Vernon, Meulan et Poissy. Au moyen de ces travaux, les mariniers se trouveraient dégrevés d'un impôt très-élevé, celui des ponts et pertuis.

Espérons que l'administration fera successivement ces améliorations : déjà l'arche marinière de Meulan est en cours d'exécution.

Enfin, le fleuve, dont la profondeur est insuffisante en plusieurs endroits, devrait être rendu constamment navigable au tirant d'eau de deux mètres.

Que ces améliorations ne soient pas exécutées, et la navigation de la Seine succombe en présence des chemins de fer. Le gouvernement oubliera-t-il qu'il a perçu, depuis quarante ans, près de trente millions de droits sur la navigation, et qu'en lui affectant une partie de cette somme, il ne ferait que lui rendre ce qu'elle a avancé ?

Le Trésor doit exécuter ces travaux, dans l'intérêt même de son revenu. Cependant, pour être complétement juste envers la navigation, il faudrait l'exempter de droits qui ne pèsent pas sur les communications terrestres.

Le chemin de fer de Paris à Rouen sera prolongé jusqu'au Hâvre. Déjà le Conseil général a émis le vœu qu'un projet de loi fût présenté aux Chambres dans la prochaine session pour ce prolongement, et des études sont ordonnées en vue de ce grand travail. Après ce prolongement, la navigation pourrait disparaître des quais de Rouen, et la population qu'elle fait vivre, les industries qu'elle alimente, les intérêts de tout genre qui se rattachent à elle seraient sacrifiés, si dès à présent on ne cherchait les moyens de mettre la navigation à même de lutter avec les chemins de fer.

Votre troisième bureau vous propose donc d'émettre le vœu conformément au désir exprimé par le Conseil d'arrondissement, que le gouvernement consacre aux travaux de la haute et basse Seine, et spécialement aux chemins de halage et aux arches marinières, des sommes au moins proportionnées aux droits de navigation qu'il a perçus.

« Le Conseil général émet le vœu que le gouvernement ac-
« corde une augmentation de fonds pour les chemins de ha
« lage. Il serait nécessaire de les rétablir dans le département
« de l'Eure, et de continuer activement les travaux entrepris
« dans la haute Seine. »

ainsi les moyens de montrer la navigation française défaillante,
les chemins de fer [illegible]

Votre Commission Dénué vous propose donc d'émettre le vœu
conformément au vœu exprimé par le Conseil municipal [illegible],
tiers, que le gouvernement constitue une société de la haute
et basse Seine, et s'intéresse aux chemins de halage et aux
autres ouvrages, des travaux au point de vue de l'amélioration des
droits de navigation qu'il a perçus.

« Le Conseil général émet le vœu que le Gouvernement
« contre une réglementation de la navigation sur le [illegible]
« libre. Il serait désirable de [illegible]
« de l'État, et de continuer activement les travaux commencés
« dans la haute Seine. »

HÔTEL DES MONNAIES DE ROUEN.

Les principaux banquiers de Rouen et le directeur de la banque vous prient d'exprimer un vœu pour la conservation de l'*Hôtel des Monnaies*, dont l'existence est menacée. Ils pensent avec raison que sa suppression serait nuisible aux intérêts du département.

Le motif de cette suppression pouvait avoir quelque chose de spécieux, alors que beaucoup d'ateliers monétaires étaient sans travail ; mais il tombe devant l'imminence de la refonte des monnaies de cuivre, si impérieusement réclamée, et des pièces de 5 francs aurifères fabriquées depuis 1795 jusqu'en 1824.

La *Monnaie* de Rouen verse aux mains du commerce et de l'industrie plus de 20 millions de francs par an. Cette masse de numéraire facilite les transactions et rend impossibles les crises d'argent, si funestes aux affaires.

En supprimant cet établissement, le gouvernement ne peut alléguer le besoin d'économie. A peine coûte-t-il 10 mille francs par an à l'État, somme bien faible si elle est mise en comparaison avec le nombreux personnel des employés, des ouvriers, des fonctionnaires, et bien plus encore avec les dépenses énormes qu'il faudra faire pour créer à Paris des ateliers pouvant suffire aux besoins des immenses opérations monétaires qui sont sur le point d'avoir lieu.

Les ateliers de la *Monnaie* de Rouen peuvent faire face à toutes les exigences du service. Il y a certitude que M. le directeur, qui a déjà un matériel de plus de 300 mille francs, ne reculerait pas devant de nouveaux sacrifices pour augmenter encore les moyens d'accélérer la fabrication des espèces. Déjà il peut fabriquer par jour 40 mille pièces de 5 francs, 25 mille pièces de 2 francs ou de 1 franc, et 30 mille pièces de 50 centimes ou de 25 centimes.

Appliqués à la refonte de la monnaie de cuivre, les balanciers pourraient frapper 100 ou 120 mille pièces par jour, sans nuire à la fabrication des monnaies d'argent.

En admettant que les six *Monnaies* des départements, qui existent encore, soient en état de fonctionner comme celle de Rouen, tout motif manque pour les supprimer. Le seul prétexte qu'on peut mettre en avant contre l'existence de ces établissements est le principe de la centralisation à Paris ; mais ce principe doit avoir des bornes et des exceptions.

Aux motifs que nous venons de vous exposer, et qui sont puisés dans la réclamation adressée au Conseil général, votre 3ᵉ bureau en ajoutera d'autres qui ne sont pas sans importance.

La *Monnaie* de Rouen offre tout à la fois les avantages d'un établissement public et d'une industrie particulière. Rarement elle fonctionne pour le gouvernement. C'est pour son compte privé que, sous la surveillance des contrôleurs, la direction bat monnaie et répand dans la circulation publique des sommes considérables. Il est de notoriété que la maison Rothschild fait convertir, à Rouen, en argent monnayé, les lingots qu'elle tire de l'étranger. Ces lingots viennent par voie d'Angleterre, et la *Monnaie* de Rouen, qui se trouve sur leur route, obtient la préférence. Elle reçoit même des lingots par la voie de Calais, parce que les conditions offertes par notre directeur sont probablement plus avantageuses que celles du directeur de Paris. Autant cette concurrence des directeurs, qui a pour effet de répandre le numéraire sur les diverses parties du territoire, est utile, autant la concentration exclusive de ce même numéraire à Paris aurait de fâcheux effets pour les départements. Dans ceux où il n'existe pas de *Monnaie*, les banquiers et le commerce sont souvent à la discrétion des receveurs-généraux. Ici une utile concurrence s'établit entre la *Monnaie* et la Recette générale. Les 20 millions de numéraire frappés par cet établissement, et en grande partie pour le compte de M. de Rothschild, ne sont point envoyés à Paris. On les échange à Rouen contre du papier. Cet échange amène l'utile concurrence que nous venons de vous faire remarquer, et laisse dans la circulation du département d'immenses capitaux. L'intérêt de nos banquiers, de notre banque elle-même, à conserver cet établissement, doit donc vous paraître évident et légitimé par l'intérêt général.

'La *Monnaie* de Rouen n'existerait pas que nous devrions en demander la création ; à plus forte raison, tâchons de ne pas la perdre lorsque nous avons des droits acquis. Opposons-nous à un système de centralisation qui, sous le prétexte de réformes économiques, ajouterait de nouvelles charges à celles de l'État, et lui serait surtout onéreux, en ce sens qu'il n'y aurait plus de concurrence entre les directeurs de *Monnaies*.

Aujourd'hui, l'État peut donner la préférence à celui qui offre les meilleures conditions. Après la centralisation, il n'y aurait plus qu'un immense monopole en faveur de la direction de la *Monnaie* de Paris. Celle-ci peut et doit le désirer. C'est à nous, Messieurs, d'y mettre obstacle autant qu'il est en notre pouvoir. Il ne s'agit pas, en effet, ici d'une branche d'industrie plus ou moins utile ; il s'agit de conserver le nerf de toutes les industries, l'argent, et l'argent monnayé, bien préférable au papier, dont la circulation éprouve quelquefois de si cruels embarras.

Nous avons fait envisager les avantages de la *Monnaie* pour le crédit départemental, mais ce mérite principal ne doit pas nous faire perdre de vue d'autes avantages partiels.

. Partout où il n'y a pas d'établissements monétaires, les valeurs d'or et d'argent éprouvent une grande dépréciation, par le peu de connaissance qu'on a des tarifs légaux.

Les particuliers versent au moins 2 millions par an à la *Monnaie*. Cette somme deviendrait la proie des agioteurs, avec la suppression.

Nous vous avons déjà dit qu'une refonte générale de nos monnaies est au moment d'avoir lieu. Elle portera sur un chiffre de 1,300 millions.

Ce n'est pas en présence d'un pareil travail, qui devra occuper les *Monnaies* pendant dix ans encore, que l'on peut songer à détruire notre établissement, pour constituer dans la capitale un monopole préjudiciable au département et à l'Etat lui-même.

Votre troisième bureau est d'avis que vous renouveliez le vœu exprimé en 1833 pour le maintien de la *Monnaie* de Rouen.

« Le Conseil général exprime au gouvernement le vœu le
« plus pressant, que la Direction des Monnaies, établie à
« Rouen, ne soit point enlevée à cette ville. »

DEMANDE DE LA CHAMBRE DE COMMERCE DU HAVRE,

pour l'établissement d'une Direction de Douanes.

——→·››‹Q‹‹·⊖⊖⊖‹·——

MESSIEURS,

La Chambre de commerce du Hâvre demande qu'une direction de douanes soit établie dans ce port. En terminant ses observations, elle a soin de vous faire remarquer que, dans toutes ses démarches, elle a toujours protesté contre l'intention de demander le déplacement de la direction qui est établie à Rouen.

La sincérité de cette déclaration n'est pas douteuse ; mais il n'est pas moins évident que l'administration ne voudra pas grever le budget des frais d'une double direction dans le même département et à vingt lieues de distance. Il n'y a pas en France un seul exemple de ce genre. La question est donc de savoir si la direction des douanes, établie à Rouen depuis un temps immémorial, sera tranférée au Hâvre. La Chambre de commerce de cette ville expose que Bordeaux, Marseille, Nantes, Saint-Malo, Dunkerque ont un directeur. Cela est vrai ; mais Bordeaux, Marseille, Nantes ne sont pas seulement de grands ports, ce sont en même temps des chefs-lieux de départements. Saint-Malo et Dunkerque ne sont que des chefs-lieux d'arrondissements; mais il faut se rappeler qu'à Rennes et à Lille, il n'y a pas de port maritime, tandis que Rouen en possède un qui a plus d'importance que beaucoup de chefs-lieux de direction de douanes. Cette différence de situation détruit donc l'analogie que la Chambre de commerce du Hâvre a voulu établir entre la position de divers départements et celle de la Seine-Inférieure.

Cependant, il s'agit d'examiner si le Hâvre, qui traite des affaires très considérables, n'éprouve pas, par l'absence d'une direction, un préjudice tel qu'on y doive transférer la direction des douanes établie à Rouen. Oui, Messieurs, le Hâvre éprouverait un grave préjudice, si déjà l'administration n'avait fait droit à ce qu'il y a de fondé dans ses doléances. Elle a institué spécialement un inspecteur sédentaire au Hâvre, qui a *été autorisé à prononcer sur des questions dont la solution était réservée au directeur de Rouen*. Ici, Messieurs, nous n'avançons pas un fait plus ou moins susceptible de controverse, nous venons de citer les propres expressions employées dans la réclamation de la Chambre de commerce du Hâvre. Son intérêt est donc satisfait par l'établissement de cet inspecteur sédentaire. Mais, vous dira-t-on, l'inspecteur sédentaire ne peut prononcer que sur certaines questions; il ne peut pas trancher les plus importantes, celles-là sont réservées par le directeur. Ici, Messieurs, est l'erreur. Les questions réellement graves ne sont résolues ni par l'inspecteur sédentaire, ni par le directeur. Nous irons plus loin : l'avis du directeur général est souvent invoqué pour des affaires qui ont peu de gravité. Dans toutes les administrations, et surtout celles voisines de la capitale, les chefs sont bien aises d'en référer à l'administration supérieure, et de mettre ainsi leur responsabilité à l'abri : à plus forte raison, dans l'administration des douanes, où toutes les fautes et contraventions, même reconnues involontaires, se traduisent infailliblement en une pénalité pécuniaire. Pour toutes les choses essentielles, ce sont des commissions instituées à Paris qui prononcent. Ainsi, c'est à Paris qu'est instituée une commission pour l'examen des marchandises ayant droit aux primes ou drawbacks. C'est à Paris qu'est instituée une commission pour apprécier le type de chaque marchandise tarifée ; et lorsque la douane juge que la déclaration n'est pas exacte, c'est à Paris qu'est expédié un échantillon de la marchandise et que la sentence est prononcée.

Vous voyez donc, Messieurs, que pour tout ce qui est vraiment grave, c'est la direction générale qui prononce.

Ce qui nous porterait à croire que la réclamation du Hâvre n'a pas le degré d'intérêt qu'on lui attribue, c'est qu'on mentionne dans cette réclamation l'admission des navires français au privilége colonial, comme une chose importante et pour laquelle la présence du directeur pourrait être utile.

Il est aisé de vous démontrer le contraire.

Qu'est-ce que l'admission au privilége colonial ? — C'est la reconnaissance faite par la douane qu'un navire arrive en droiture des colonies françaises, et, par une conséquence nécessaire, que les marchandises importées par ce navire ne paieront que le droit imposé sur les produits coloniaux.

On pourrait croire d'abord que cette reconnaissance impose des retards au commerce ; point du tout : la demande en admission au privilége colonial est faite par le consignataire, qui, à l'appui de sa déclaration, fournit caution ; immédiatement l'on décharge, sans s'inquiéter de la reconnaissance de la douane, sans faire vis-à-vis d'elle aucune démarche spéciale. C'est bien après le déchargement que celle-ci déclare l'admission au privilége colonial. Cette admission est une formalité pour laquelle la présence ou l'absence du directeur n'est cause d'aucune difficulté réelle. Mais advient-il que le mauvais temps ou toute autre fortune de mer a forcé un navire venant des colonies à faire une relâche, dès lors il n'est plus censé venir en droiture des colonies, et le directeur ne prend jamais sur lui de l'admettre au privilége colonial. C'est toujours la direction générale qui décide. Il est beaucoup de questions secondaires pour lesquelles le directeur peut être utile, mais la chambre du Hâvre l'a déjà dit elle-même : *un inspecteur sédentaire a été autorisé à prononcer sur ces questions.* L'inspecteur est même autorisé à correspondre directement, dans tous les cas urgents, avec le directeur général.

Envisageons maintenant le cours de l'administration des douanes dans son état actuel. Les réclamations du Hâvre, en passant par Rouen, suivent leur route naturelle. Dans le cas contraire, il faudrait que les réclamations du commerce de Rouen suivissent une ligne rétrograde. Ce serait là, Messieurs, une mesure de mauvaise administration que vous ne voudrez pas recommander au gouvernement.

Cependant, votre troisième bureau attache la plus grande importance à ce que le commerce du Hâvre n'éprouve aucun retard, aucun préjudice quelconque, par suite de l'absence de la direction; il est donc d'avis que des pouvoirs encore plus étendus, s'il est possible, soient donnés à l'inspecteur sédentaire, et que celui-ci jouisse d'une liberté d'action proportionnée à l'importance des intérêts qui sont soumis à son examen.

Votre troisième bureau vous propose donc d'émettre le vœu :

1° Que la direction des douanes établie à Rouen ne soit pas transférée au Hâvre;

2° Que l'administration des douanes donne à l'inspecteur sédentaire du Hâvre des pouvoirs assez étendus et une assez grande liberté d'action, pour que le commerce ne puisse éprouver aucun préjudice de l'éloignement du directeur.

« Le Conseil général émet le vœu qu'on conserve la direction « des douanes établie à Rouen. Toutefois le Conseil pense qu'il

« serait convenable que l'administration des douanes donnât à
« l'inspecteur sédentaire du Hâvre des pouvoirs assez étendus et
« une assez grande liberté d'action, pour que le commerce ne
« puisse éprouver aucun préjudice de l'éloignement du direc-
« teur. S'il était même possible de créer une direction indépen-
« dante au Hâvre, sans supprimer celle de Rouen, le conseil
« applaudirait à cette mesure. »

« soit convenable que l'administration des douanes donne à
« l'inspecteur sédentaire du Havre des pouvoirs assez étendus et
« une assez grande liberté d'action, pour que la contrebande ne
« puisse éprouver aucun préjudice de l'éloignement du chef et
« tom. S'il était même possible de créer une direction indigène
« dans au Havre, celle comprise celle de Rouen, le conseil
« applaudirait à cette mesure. »

QUESTIONS émanées de la Chambre de commerce du Hâvre, et transmises au Conseil général par M. le Préfet.

La chambre de commerce du Hâvre appelle votre attention sur des questions économiques d'une haute importance :

1° Sur la nécessité de réclamer l'égalité des droits pour les deux sucres, colonial et indigène ;

2° Sur l'augmentation de droits que le congrès américain vient d'imposer à un grand nombre d'articles de production française, et sur la nécessité pour le gouvernement français d'user de représailles envers les États-Unis, s'ils persévèrent dans leurs mesures fiscales ;

3° Sur l'utilité d'exposer au gouvernement qu'en adoptant pour les traités de commerce le principe d'une égalité parfaite entre les pavillons, il ne doit pas perdre de vue que nous avons à supporter des droits considérables sur les fers, chanvres et autres matières propres à l'armement des navires, toutes charges que n'a point à supporter au même degré la concurrence étrangère ;

4° Sur l'avantage qu'il y aurait à réviser notre tarif d'importation en ce qui concerne certains articles, tels que le café q continue de payer un droit presque égal à sa valeur, les bois de teinture et les bois d'ébénisterie en général, produits de peu

de valeur et d'un grand volume, et à cause de cela très-inté-
ressants pour le commerce maritime;

5° Sur l'utilité de favoriser par tous les moyens nos rapports
commerciaux avec les nations qui, n'ayant que peu ou point
de navires, ne peuvent faire concurrence à notre navigation
pour le transport des denrées que nous exportons de leur territoire;

6° Sur la nécessité d'élever le droit d'exportation sur les bois
de construction pour la marine, qui deviennent de plus en plus
rares, et l'opportunité d'abaisser les droits sur certains bois
d'Afrique et d'Amérique propres à la construction des navires,
et que l'élévation de nos tarifs repousse par une fausse assimilation aux bois d'ébénisterie;

7° Sur le besoin qu'éprouve la marine marchande d'un code
pénal maritime, toujours promis et toujours ajourné.

PREMIÈRE QUESTION.

La seule énonciation des questions qui précèdent a suffi, Messieurs, pour vous faire apprécier toute leur importance, et l'impossibilité où était votre troisième bureau, vu le manque de temps et de documents, de donner à l'examen de ces questions tout le développement qu'elles méritent. Il se bornera donc à vous faire le résumé succinct de ses opinions.

Sur la première question, M. Duchâtel, ministre des finances, disait dans son rapport sur le budget de 1838 : « La question « des sucres, qui l'emporte sur la question des rentes, pour la « grandeur des conséquences, doit préoccuper vivement l'at- « tention publique. Le tarif des sucres n'a pas été établi pour « protéger les fabricants de sucre de betteraves, mais pour « procurer des revenus au Trésor. »

M. Duchâtel avait bien prévu l'avenir, car la question des rentes, qui a si longtemps occupé les esprits, fait et défait des ministères, est aujourd'hui presque oubliée ; et la question des sucres, question d'un intérêt éminemment national, préoccupe encore aujourd'hui au plus haut degé notre commerce maritime, nos colonies, les départements producteurs de sucre indigène, et enfin le gouvernement toujours indécis sur le parti qu'il doit prendre au milieu des divers intérêts qui le sollicitent, et dont l'indécision même a aggravé le mal dont on se plaint.

M. Duchâtel avait encore raison de poser en principe que le tarif des sucres n'a pas été établi pour protéger les fabricants de sucre de betteraves, mais pour procurer des revenus au Trésor ; car, si vous adoptez, Messieurs, ce principe qui ne peut être sérieusement contesté, vous arriverez nécessairement à reconnaître la légitimité de la demande de la Chambre de commerce du Hâvre qui réclame l'égalité de l'impôt.

Depuis 1838, époque à laquelle M. le ministre des finances posait les principes que nous venons de rappeler, et qu'il ne faut jamais perdre de vue, si l'on veut arriver à une solution équitable et logique, deux lois d'impôt et une ordonnance de dégrèvement sont intervenues. Par la loi du 8 juillet 1837, le principe de l'impôt sur le sucre indigène fut sanctionné et porté à 11 fr. par 100 kil. Une ordonnnance de dégrèvement sur le droit imposé aux sucres coloniaux suivit de près cette loi, et le dégrèvement a bientôt cessé par l'effet de la dernière loi du 3 juillet 1840, qui a élevé le droit sur le sucre indigène à 27 fr. 50 c. les 100 kil. En face de ce droit acquitté par le sucre indigène, quel est celui perçu sur le sucre colonial ? Il s'élève à 49 fr. 50 c., c'est-à-dire qu'il est presque double. Ainsi, le demi-kil. de sucre colonial paie 25 c. de droit au Trésor, tandis qu'il n'est perçu que 14 c. sur le sucre indigène. Le sucre colonial, reçu par la douane à la sortie du navire, tombe tout entier sous la main du fisc ; le sucre indigène, soumis aux contributions indirectes, imite les autres industries sur lesquelles pèse l'exercice, et la fraude s'ajoute au privilége dont il est déjà investi.

De cet état de choses que résulte-t-il ? Qu'il n'y a pas de concurrence possible entre le sucre colonial et le sucre indigène, et que celui-ci envahira bientôt le marché tout entier de la métropole, si la législation ne vient promptement établir l'égalité d'impôt sur l'un et l'autre sucres, soit par voie d'augmen tation sur le sucre indigène, soit par voie de dégrèvement sur le sucre colonial, ce qui nous paraîtrait préférable.

Nous avons dit que, dans l'état actuel de la législation, la concurrence était impossible entre les deux sucres, et nous allons le prouver.

Le sucre colonial vaut aujourd'hui au Hâvre 50 fr. les cinquante kilogrammes, soit 50 cent. le demi-kilogramme, si l'on prend la moyenne des prix entre les qualités dites bonne quatrième et celles qui sont inférieures. De ces 50 cent. il faut déduire 25 cent., payés à la douane, plus 14 cent. reconnus indispensables pour le chargement à la colonie, le transport en France, le coulage, l'emmagasinage, la commission du vendeur et autres menus frais. Que reste-t-il donc au producteur colon, qui envoie ses sucres à la vente en France? 11 cent. par chaque demi-kilogramme de sucre; et il faut qu'à ce prix, le colon produise non seulement un demi-kilogramme de sucre, mais encore qu'il l'enferme dans des caisses, qu'il le charrie de son habitation au port de la colonie, et qu'à la sortie de cette colonie, il paie un droit d'exportation, connu sous le nom de droit d'Occident.

Il est évident pour vous, Messieurs, que dans une pareille situation le producteur colon doit être bientôt ruiné, qu'il renoncera à la culture du sucre; et que de la cessation de cette culture résultera pour votre navigation, qui a le privilége du commerce colonial, un immense préjudice.

En regard de cette situation déplorable de l'agriculture coloniale, et de la réaction inévitable qui doit bientôt atteindre notre commerce maritime, nous n'irons pas vous dire que la sucrerie indigène jouit d'une extrême prospérité. Il nous suffira de vous faire remarquer qu'elle est en voie d'accroissement. Mais peu importent pour la question que nous avons à examiner, et surtout au point de vue où s'est placée votre commission, la prospérité et l'accroissement du sucre indigène. Ell n'entend examiner ni le prix de revient du sucre colonial, ni le prix de revient du sucre indigène. Elle pense qu'en industrie le prix de revient dépend essentiellement des talents et des capitaux du fabricant; que l'un se ruine là où l'autre s'enrichit, et qu'en bonne économie politique le législateur doit se placer à un point de vue plus élevé, et régler la position de deux industries rivales et également nationales, non pas à raison du plus ou moins d'habileté de l'une ou de l'autre, non pas à raison des pertes ou des profits qu'elles peuvent faire; mais d'après un principe d'égalité et de libre concurrence, qui laisse les industries loyalement lutter entre elles, et donne la préférence à celle qui sert le mieux et à meilleur marché les consommateurs. Votre commission s'est donc dit : Le sucre colonial et le sucre indigène sont des sucres également français : l'un est fabriqué dans nos colonies, l'autre dans nos départements. Si, demain, le département de la Corse produisait du sucre, il ne serait pas grevé d'un droit différentiel à raison de sa provenance insulaire. Il doit en être de même du sucre colonial. Il est donc d'une stricte équité que le sucre indigène et le sucre colonial acquittent le même droit et se trouvent dans des conditions égales vis-à-vis du fisc.

Tant mieux pour le sucre indigène s'il est fabriqué près de nous, tant pis pour le sucre colonial s'il vient de nos possessions lointaines; mais cet éloignement n'est pas une raison pour être injuste envers lui et le grever d'un droit plus élevé que son rival métropolitain.

Pourquoi cependant, Messieurs, vous avoir indiqué par quelques chiffres la position de la culture coloniale? C'est qu'alors même que nous voulions nous placer sur un terrain plus large, celui de l'égalité et de la libre concurrence, nous éprouvions le besoin de vous démontrer que ceux qui réclament l'application de ce principe si équitable sont mus non seulement par le sentiment de leur droit, mais encore par l'impérieuse nécessité qui fait pour eux de l'adoption de ce principe une question de vie ou de mort.

C'est donc ici le cas de rappeler encore cette vérité, que le tarif des sucres n'a pas été établi pour protéger les fabricants de sucre de betteraves, mais pour procurer des revenus au Trésor.

Si, en effet, l'industrie du sucre indigène avait obtenu, à une époque antérieure, un tarif protecteur contre le sucre colonial, elle aurait le droit de s'en prévaloir aujourd'hui, elle pourrait parler de droits acquis; mais rien de pareil n'existe dans les précédents de notre législation. Le sucre indigène a bien profité du droit qui pesait sur le sucre colonial; mais ce bénéfice, qu'il a acquis aux dépens du Trésor et des contribuables, ce bénéfice qui, suivant M. d'Audiffret, a coûté à la France plus de 100 millions, n'avait pas été créé pour lui : il en a subrepticement profité.

La sucrerie indigène viendra-t-elle dire maintenant que la dernière loi a créé un droit nouveau pour elle, que son péché originel a été en quelque sorte effacé par le baptême du dernier impôt, et qu'elle peut désormais jouir de son privilége en toute sécurité?

Cette prétention serait en contradiction avec les faits ; car à l'impôt du 8 juillet 1837, établissant 11 fr. de droits par 100 kilogrammes, a succédé celui du 3 juillet 1840, portant ces droits à 27 fr. 50; et au moment de clore les débats qui ont précédé le vote de cet impôt, M. Gouin, alors ministre du commerce, déclara, sur l'interpellation de M. Duvergier de Hauranne, que l'intention du gouvernement était d'arriver à l'égalité des droits sur les deux sucres.

Y a-t-il opportunité? Voilà la question. Il a semblé à votre troisième bureau qu'elle était évidente, en face de la détresse qui pèse sur l'agriculture coloniale et de la ruine qui menace notre navigation. Il lui a semblé qu'il ne fallait pas attendre que le mal signalé par la Chambre de commerce du Hâvre fût arrivé à son dernier période, pour y porter remède.

Votre commission, Messieurs, apprécie vivement l'importance des intérêts agricoles, mais elle ne croit pas qu'ils aient eu beaucoup à gagner à la fabrication du sucre indigène. Que la betterave soit une excellente nourriture pour le bétail, cela n'est contesté par personne; mais que la betterave, à laquelle on a enlevé sa partie sucrée, et que la science s'efforce chaque jour de réduire à l'état de simple écorce, soit, en cet état, favorable à l'élève des bestiaux, c'est ce qui lui a paru tout-à-fait problématique. Or, une plante qui demande beaucoup d'engrais, et qui n'en rend guères, ne peut pas être considérée comme bien utile à l'agriculture.

En jetant les regards autour d'elle dans ce département, votre commission a cherché en vain quelques établissements de sucrerie indigène qui eussent une importance réelle, qui occupassent une nombreuse population, pour lesquels des champs de betteraves d'une certaine étendue fussent ensemencés. Elle n'a rien vu de pareil dans nos arrondissements; et c'est à peine si elle a aperçu quelques petits essais de fabrication. Tout lui a dit, au contraire, que l'intérêt de la marine marchande, qui est l'intérêt de la France, était surtout celui du département, puisque c'est au Hâvre que sont armés la plupart des navires destinés à la navigation coloniale. La prospérité de cette ville fait aussi celle des campagnes qui l'environnent: c'est dans l'arrondissement du Hâvre que l'agriculture est le plus florissante, que les terres ont le plus de valeur. Qui pourrait douter, Messieurs, que l'alimentation des équipages, que la consommation d'une grande place maritime n'aient une large part dans cette prospérité agricole, dont on s'applaudit, mais dont il faut chercher la cause, découvrir la source pour ne pas la tarir, emportés que nous pourrions être par le chimérique espoir des innovations?

Dieppe aussi, Messieurs, dont le commerce est presque exclusivement réduit à la pêche de la morue, envoie dans les colonies une partie de cette pêche.

Enfin, la fabrique de Rouen, dont l'heureuse influence s'étend sur toutes nos campagnes, qui porte dans nos chaumières l'activité industrielle et le bien-être ; la fabrique de Rouen fait un commerce actif avec nos colonies, y trouve de nombreux débouchés, et est vivement intéressée à ne pas les laisser périr de misère.

Cette mort serait le fruit de l'injustice, elle serait aussi contre nos intérêts; car si les colonies sont amenées, par l'iniquité de nos tarifs, à abandonner la culture du sucre, nous n'apercevons pas ce qu'elles pourraient produire et nous demander en échange: tandis qu'après tout, la terre à qui l'on voudrait faire produire la betterave pour faire du sucre, la produirait pour élever des bestiaux, chose plus utile au pays qui se plaint de la cherté de la viande.

Mais, nous le répétons ici, Messieurs, *égalité*, *libre concurrence* : voilà les principes de votre commission pour le tarif qui doit régir les deux sucres. Elle ne lance point d'anathême contre la sucrerie indigène; seulement, elle veut voir cesser un privilége fatal au Trésor, fatal surtout au pavillon français, sur lequel nous devons souvent porter les yeux, parce que le jour où de bons équipages lui manqueraient, le jour où l'Angleterre et l'Amérique ne craindraient plus notre puissance navale, la France serait déchue du rang qu'elle tient parmi les nations,

Au moment où le Trésor se trouve en déficit, où le gouvernement est dans la nécessité de recourir à un emprunt et de demander à l'impôt tout ce qu'il peut produire, n'est-il pas convenable de lui signaler la justice qu'il y aurait à ne pas laisser subsister plus longtemps le privilége d'une industrie qui, en blessant de nombreux intérêts, coûte chaque année des millions au Trésor?

Votre troisième bureau exprime donc le vœu, conformément à l'avis de la Chambre de commerce du Hâvre, que le gouvernement nivelle graduellement les droits sur les deux sucres, colonial et indigène.

DEUXIÈME QUESTION.

**Augmentation du tarif aux États-Unis sur les produits naturels
et manufacturés de l'Europe.**

Renonciation au principe de réciprocité.

MESSIEURS,

Nous savez que le gouvernement des États-Unis, pour faire
face aux besoins financiers qui le pressent, a proposé au congrès américain une augmentation de droits de douane sur les
produits naturels et manufacturés de l'Europe, et que le sénat
a adopté cette augmentation, qui s'élève, dans son ensemble,
à 20 pour 100 de la valeur des marchandises importées. La
chambre des représentants n'a pas encore sanctionné ce vote,
mais son approbation ne peut être douteuse, quand on consi-
dère les éléments qui composent les deux chambres américaines.
Dans l'une et l'autre, les représentants du Nord sont plus nombreux que ceux du Sud ; et comme le Nord compte déjà un grand
nombre de manufactures et d'industries diverses, ses représentants saisiront toujours avec empressement l'occasion d'établir des droits protecteurs. Il ne faut pas se dissimuler que si
l'augmentation proposée sur nos produits a pour cause officielle
et avouée les nécessités du Trésor américain, la cause réelle es

dans la tendance qu'ont les États-Unis à faire arriver leur Industrie au même degré de prospérité que leur marine et leur
agriculture.

Nous insistons sur cette cause, parce qu'elle devra avoir de
l'influence sur votre détermination.

Le gouvernement français pourrait concevoir quelque espoir
du rejet de la mesure proposée, si les États du Sud, essentiellement agricoles, avaient manifesté une vive opposition.
Vous vous rappelez en effet, Messieurs, qu'il y a quelques années, à l'occasion du même tarif de douanes, une vive scission
éclata entre les États du Nord et ceux du Sud, et que les choses
allèrent à ce point que les États du Sud menacèrent le gouvernement central d'une insurrection et même d'une séparation
politique, s'il persistait à soutenir les États du Nord dans leur
projet d'augmentation de tarif. Cette résistance, qui fut cou-
ronnée de succès, eut une heureuse influence sur l'industrie
française, dont les importations aux États-Unis ont subi une
progression très-remarquable.

Aujourd'hui les États du Sud, qui cultivent le coton et le riz,
qui les vendent à l'Europe et lui demandent en retour les produits de son industrie, ces États gardent le silence. D'un autre
côté, ceux du Nord ne réclament plus qu'à de longs intervalles
l'abolition de l'esclavage dans le Sud. Il semble que, par suite
d'une convention tacite, le Nord abandonne au Sud la question
d'esclavage, et le Sud cède au Nord la question des tarifs.

C'est l'Europe, Messieurs, qui semble appelée à payer les
frais de cette conciliation ; c'est la France qui doit y contri-
buer pour sa large part. Y consentira-t-elle ?

Les États-Unis, peuple essentiellement navigateur et mar-
chand, avaient, pendant les guerres de l'Empire, couvert les
mers de leur marine. Sous pavillon neutre, ils approvision-
naient la plus grande partie de l'Europe ; car si l'Angleterre
dominait sur l'Océan, la France était puissante sur le continent

et repoussait des ports européens le pavillon anglais. Ce pavillon craignait lui-même nos audacieux corsaires. Les Américains, qui avaient reçu de si grands bienfaits de la France, furent donc les premiers, par la force des choses, à profiter de ses malheurs. La guerre européenne, cause de ruine pour notre marine, fut pour eux, et à leur début sur la scène du monde, un élément de succès; et lorsque la paix arriva, les Américains, habiles navigateurs, marchands plein d'àpreté et de résolution, munis de bons et beaux navires, se trouvèrent en présence d'armateurs français qui n'avaient plus dans leurs bassins que des bâtiments à moitié pourris, de vieux capitaines qui avaient oublié le chemin de la mer et qui, pour s'y lancer de nouveau, n'avaient eux-mêmes que des matelots inexpérimentés. Reprendre la route de l'Amérique, c'était pour nous une œuvre laborieuse, lorsque déjà les Américains s'étaient habitués à ne plus compter les distances.

L'occasion était belle pour eux d'introduire dans le droit maritime inter-national un nouveau principe, celui de la réciprocité. Ils s'efforcèrent de le faire prévaloir auprès du gouvernement français.

Ce principe de réciprocité consiste dans l'égalité de droits sur le tonnage des navires, et l'égalité de droits sur les marchandises importées ou exportées par l'un ou l'autre pavillon des deux parties contractantes.

Le gouvernement de la Restauration lutta aussi longtemps que possible contre la prétention des Américains. Alors, ceux-ci eurent recours à une sorte de violence pour faire prévaloir leur principe. Par un acte du 15 mai 1820, ils frappèrent les navires français d'un droit de tonnage tellement élevé, que notre navigation se trouva complètement paralysée. A cette mesure le gouvernement français répondit par une ordonnance du 26 juillet 1820, qui frappait d'un droit spécial de 99 fr. par tonneau les navires américains, à leur arrivée dans les ports de France, et maintenait la prime de 11 fr. par 100 kilogrammes de coton importés par navire français.

L'effet de cette double mesure fut de suspendre toute navigation directe entre les États-Unis et la France par navire français ou américain. Les neutres, pendant plus d'une année, firent le transport des deux nations.

Cependant, le commerce du Hâvre, qui souffrait de cette interruption, manifesta vivement le désir de voir renouer ses anciennes relations. Les intérêts privés, qui étaient froissés, oublièrent l'intérêt public, l'intérêt d'avenir. On blâma, comme d'usage, le gouvernement; on lui attribua les souffrances du moment: il fut pressé d'en finir; et alors il consentit à l'adoption du principe de réciprocité, principe qui a porté à un si haut degré de splendeur la marine américaine, et qui a anéanti la nôtre au moment où elle essayait de se relever.

Le commerce du Hâvre, qui aujourd'hui nous adresse ses plaintes, était à cette époque si plein d'illusions sur les conséquences de ce principe, qu'il fit une magnifique réception à notre ambassadeur lors de son retour en France; et qu'il le félicita, dans les termes les plus emphatiques, sur le traité qu'il venait de conclure. C'est ce traité que la Chambre de commerce du Hâvre serait aujourd'hui d'avis de rompre, si le gouvernement des États-Unis persévérait dans ses mesures fiscales. C'est en rejetant le principe de réciprocité qu'il lui paraît possible d'user de représailles envers les Américains, et peut-être de les faire renoncer à leurs nouvelles prétentions. Pourquoi, en effet, la France avait-elle consenti à l'adoption de la réciprocité? C'est qu'à côté du tort qui pouvait en résulter pour sa marine, elle avait envisagé les avantages d'un tarif modéré pour l'importation de ses produits naturels ou manufacturés en Amérique.

Si ces tarifs sont successivement élevés de manière à repousser nos produits, si l'industrie américaine, protégée par ces tarifs est appelée à remplacer la nôtre, hâtons-nous de faire expier à la marine américaine l'avantage qu'elle a conquis sur la marine française. Brisons le principe de réciprocité, et rétablissons le droit différentiel en faveur de notre pavillon.

La marine des États-Unis s'est emparée presque exclusivement des transports entre la France et l'Amérique. Lorsque cette marine se trouvera frappée dans son existence, elle se retournera vers son gouvernement, lui demandera compte de ses nouveaux actes et plaidera notre propre cause. En effet, la France n'entend pas imposer de nouvelles conditions: elle consent même à subir celles qu'elle a pu imprudemment accepter. Elle s'oppose seulement à ce que de nouveaux droits de douane viennent rompre l'équilibre entre les intérêts des deux nations.

Si le gouvernement français temporise, les Américains mettront en vigueur leur nouveau tarif, et par amour-propre national ne voudront pas l'annuler. En admettant même qu'ils soient déterminés à y persister, nous trouverons au moins dans l'accroissement de notre marine, résultat du droit différentiel, une compensation au tort que nous causera l'élévation du tarif américain.

Notre gouvernement a fait aux États-Unis, sous la restauration, comme depuis 1830, de larges concessions. Il est temps qu'il s'arrête dans une voie où il n'a rencontré que de l'ingratitude.

Votre troisième bureau vous propose d'émettre le vœu que le gouvernement français notifie au gouvernement américain qu'il pourra être dans la nécessité de renoncer au traité du 23 juin 1823 qui a établi la réciprocité, s'il reçoit l'avis officiel de l'élévation des droits sur les produits français aux États-Unis.

TROISIÈME QUESTION.

Restitution de droits sur les matières employées à la construction des navires.

Nous vous entretenions tout à l'heure des conséquences d'une égalité parfaite entre les pavillons : notre marine a d'autant plus de peine à supporter cette égalité, qu'elle paie des droits considérables sur les fers, chanvres, et autres matières propres à la construction des navires.

Vous savez que les machines à vapeur et la houille destinées à la navigation internationale n'acquittent pas de droits. Votre troisième bureau a pensé que des experts nommés par le gouvernement pourraient faire une évaluation approximative des matières sujettes aux droits qui seraient entrées dans la construction d'un navire, et que le gouvernement pourrait faire aux constructeurs de navires la restitution de ces droits.

Votre troisième bureau vous engage à émettre un vœu pour recommander cette mesure au gouvernement.

TROISIÈME QUESTION.

Restitution de droits sur les matières employées à la construction des navires.

Nous vous entretiendrons tout à l'heure des conséquences d'une égalité parfaite entre les pavillons ... au plus de peine à supporter cette égalité, qu'elle paie des droits considérables sur les fers, chanvres, et autres matières propres à la construction des navires.

Vous savez que les machines à vapeur, la houille destinée à la navigation internationale n'acquittent pas de droits. Votre troisième bureau a pensé que des experts nommés par le gouvernement pourraient faire une évaluation approximative des matières sujettes à tel droit qui seraient entrées dans la construction d'un navire, ce que le gouvernement pourrait faire aux constructeurs de navires, la restitution de ces droits.

Votre troisième bureau vous engage à émettre un vœu pour recommander cette mesure au gouvernement ...

QUATRIÈME ET CINQUIÈME QUESTIONS.

Moyens d'augmenter nos relations commerciales avec les peuples qui n'ont point de marine.

Les deux questions qui précèdent se lient d'une manière trop étroite pour qu'on puisse les traiter isolément : nous le avons donc réunies.

Le meilleur moyen de favoriser nos rapports commerciaux avec les pays qui n'ont que peu de marine, et ne peuvent faire une concurrence sérieuse à notre navigation, serait de pouvoir importer leurs denrées en France à des droits modérés. Or, que nous offrent principalement le Brésil et les colonies espagnoles, pays aujourd'hui si florissants et qui peuvent ouvrir de vastes débouchés à notre commerce? Le sucre. Cette denrée est au commerce maritime ce que la houille est à l'industrie. Cependant nous n'irons pas renouveler ici la discussion à laquelle nous nous sommes déjà livrés et plaider la cause du sucre étranger, lorsque notre sucre colonial a tant de peine à obtenir justice.

Après le sucre, qui offre les plus grands avantages aux chargements des navires, parce qu'il occupe un grand espace pour une faible valeur, vient le café. La chambre de commerce se plaint du droit exorbitant que paie cette denrée. En effet, le

café du Brésil, qui vaut cinquante centimes le demi-kilogramme
à l'entrepôt du Hâvre, paie cinquante-deux centimes pour
être admis à la consommation française. Les cafés Haïti sont
dans la même situation ; ceux de la Havane et de Porto-
Rico acquittent un droit égal : ils ont seulement l'avantage d'ê-
tre vendus un peu plus cher. C'est à vous de juger, Messieurs,
si ces droits sont un obstacle à la consommation. Votre troisième
bureau a pensé qu'une faible réduction serait sans influence sur
la consommation, mais qu'une très large diminution pourrait
opérer un développement favorable à la navigation et au Trésor
ui-même, en définitive. Cependant, sur cette question, il ne
vous fait aucune proposition formelle, parce qu'il va particuliè-
rement insister sur une autre réduction qui lui paraît ne pas
pouvoir être l'objet d'un doute dans vos esprits. Nous voulons
parler des bois d'acajou et autres bois d'ébénisterie, qui sont
aujourd'hui en France l'objet d'une grande consommation, et qui
doivent y pénétrer bien plus avant, si l'on a la sagesse d'abaisser
les droits. Les bois d'acajou, dits bois droits, qui valent en entrepôt au Hâvre de 9 fr. à 12 fr. par 50 kil., paient 8 fr. 25 c. de
droits pour ce même poids. Tous les autres bois d'ébénisterie
sont soumis à la même taxe.

Ces droits énormes, qui souvent équivalent à la valeur des
marchandises, empêchent la consommation de se développer,
restreignent les échanges qui seraient la conséquence de leur
plus grand emploi en France, et privent notre marine d'une
augmentation de transports. Ainsi, dans ces dernières années,
notre navigation avec le Brésil s'est un peu accrue par l'intro-
duction d'un bois nouveau pour la consommation française, le
bois de palissandre. Vous avez tous remarqué, Messieurs, avec
quelle faveur la mode avait adopté ce bois récemment introduit
dans nos ameublements : c'est ce goût pour les bois étrangers qu'il nous importe de populariser, dans l'intérêt de notre

navigation et de nos ateliers, et le meilleur moyen d'y parvenir, c'est d'abaisser les droits.

Vienne le bon marché, et la chaumière elle-même achètera des meubles d'acajou; de leur côté, les riches ne voudront plus se meubler qu'en bois massif. En même temps que la consommation intérieure se développera, notre exportation sera plus favorisée. Le talent de nos ébénistes nous fait lutter avec succès sur quelques marchés étrangers : que serait-ce donc s'ils étaient affranchis du droit qui pèse sur eux, et qu'aucun motif de protection n'oblige à maintenir si élevé?

Les Américains excellent dans le travail de la charpente, les Anglais dans celui du fer, les Français dans tous les objets qui exigent du goût et un travail délicat. Nos ouvriers sont un peu artistes, et cette remarque s'applique surtout au travail des meubles. Favorisons donc tout à la fois cette tendance intelligente de nos ouvriers, et notre navigation qui a un si grand besoin d'encouragements.

Votre troisième bureau est d'avis d'émettre un vœu pour que le droit sur le bois d'ébénisterie soit notablement réduit.

SIXIÈME QUESTION.

—

Suppression de droits sur les bois étrangers d'un très-fort échantillon, propres à la construction des navires.

Dans la dernière session, les chambres ont élevé le droit d'exportation sur les bois de construction pour la marine. Faudrait-il aller encore plus loin? C'est ce qui paraît douteux à votre troisième bureau, qui, malgré sa sollicitude pour les intérêts de la navigation, ne doit pas perdre de vue les intérêts de la propriété foncière. Celle-ci est fondée à vendre cher des bois qu'il lui a fallu ménager pendant des siècles, et il est bien dur de venir lui dire qu'elle ne les livrera pas aux acheteurs qui lui offriront le prix le plus élevé. Votre troisième bureau n'est guère partisan des restrictions de ce genre. Il préfère les moyens qui tendent vers la liberté. Aussi, serait-il d'avis de supprimer entièrement les droits sur les bois d'un très-gros échantillon, propres à la construction des navires, et que l'élévation de nos tarifs repousse, par une fausse assimilation aux bois d'ébénisterie. L'Afrique et l'Amérique pourraient nous offrir d'admirables bois de construction, s'il était possible de les introduire. C'est à ces sources que puisent les Anglais. A Fernando-Pô, possession espagnole sur la côte d'Afrique dont les Anglais convoitent la possession, il y a une sorte d'acajou blanc qui atteint des proportions si gigantesques de hauteur et de grosseur, que les principales pièces du *British-Queen*, navire de 2,200 tonneaux, proviennent du même arbre.

Votre troisième bureau émet le vœu que les bois d'un très-fort échantillon, propres à la construction des navires, soient affranchis de droits.

SEPTIÈME QUESTION.

—

Demande d'un Code pénal maritime.

Une bonne police est d'une haute importance pour ceux qui commandent, comme pour ceux qui obéissent à bord de la marine marchande. Cependant, à cet égard, il n'y a rien de fait, tout est à créer. Les fautes et délits qui se commettent à bord des bâtiments demeurent le plus souvent impunis ; aucune magistrature n'est instituée pour les rechercher et les poursuivre. En outre, beaucoup de ces manquements ne sont prévus par aucune loi. En deux mots, ce qui manque à la marine marchande, au point de vue de la police, c'est à la fois une législation et une juridiction.

Votre troisième bureau vous propose donc d'émettre le vœu qu'un code pénal maritime soit présenté aux chambres dans la prochaine législature.

« Le conseil-général ordonne que ces divers rapports seront « déposés sur le bureau, et repris à la prochaine session. Le « temps qui reste ne permet pas de s'occuper utilement de ques- « tions aussi graves et aussi difficiles. »

www.ingramcontent.com/pod-product-compliance
Lightning Source LLC
LaVergne TN
LVHW010432060726
842526LV00005B/1756